CATALOGUE

D'ESTAMPES ANCIENNES ET MODERNES,

RECUEILS D'ESTAMPES,

LIVRES A FIGURES, QUELQUES TABLEAUX, DESSINS ET LIVRES,

COMPOSANT LE CABINET ET LA BIBLIOTHÈQUE

DE M. ALEXANDRE TARDIEU,

Graveur d'histoire, Chevalier de la Légion-d'Honneur, Membre de l'Institut et de plusieurs Sociétés savantes,

Dont la vente se fera par suite de son décès, les Lundi 11, Mardi 12 novembre et jours suivants, 6 heures du soir, place de la Bourse, n° 2, Salle n° 3, par le ministère de Me MERLIN, Commissaire-Priseur, rue du Battoir-St-André, n° 10.

Exposition publique le Dimanche 10, de midi à quatre heures.

Se distribue à Paris :

Chez MM.
Me MERLIN, commissaire-priseur, rue du Battoir-St-André, 10;
TILLIARD, libraire, rue du Battoir-St-André, 4 ;
DEFER, marchand d'estampes, quai Voltaire, 19.

1844.

ORDRE DES VACATIONS.

Lundi, 1re Vacation.

Nos 163 à 169, outils de graveur.
135 à 141, estampes.
13 à 114, d°.
1 à 12, tableaux-dessins.

Mardi, 2e Vacation.

Nos 142 à 162, recueils.
115 à 134, estampes.
170 à 197, les livres.

Cinq pour cent en sus des enchères.

Viscaos, Imprimeur, r. J.-Rousseau, 8.

NOTICE

SUR

M. ALEXANDRE TARDIEU.

———➤➤◦◦◦◦◦◦◄———

La Collection d'estampes dont nous offrons aujourd'hui le catalogue au public, appartenait à un artiste justement célèbre.

Le nom de *Tardieu*, difficile à soutenir pour le jeune homme qui entrait dans la carrière de la gravure, avait été déjà illustré par trois artistes : *Nicolas Henri*, qui grava en petit les batailles d'Alexandre, concurremment avec Jean et Benoît Audran; *Jacques Nicolas*, son fils, à qui l'on doit les gravures d'après Rubens, de la collection de Marie de Médicis; et *Pierre François*, cousin de celui-ci, dont nous citerons *le jugement de Pâris*, aussi d'après Rubens. Le dernier artiste de cette famille privilégiée était destiné à faire briller ce nom d'un éclat plus vif encore.

Pierre-Alexandre TARDIEU naquit à Paris, le 2 mars 1756. Dès sa plus grande jeunesse, il apporta à la culture de son art une passion qu'il conserva toujours durant sa longue carrière. Élève d'abord de son oncle, il entra bientôt dans l'école de G. Wille ; mais il faut ici reconnaître déjà le sentiment particulier du jeune Tardieu, qui tout en admirant chez son maître un burin d'une hardiesse prodigieuse, sut se faire une manière toute différente, et analogue à celle des Nanteuil et des Edelinck vers laquelle il se sentait porté de préférence.

Il chercha beaucoup moins à se faire valoir aux dépens de ses modèles, qu'à les traduire avec une scrupuleuse fidélité. C'est surtout par le modelé, la couleur, la morbidesse des chairs, par la finesse des contours, qu'il a su se créer une place si honorable parmi ses contemporains, et c'est véritablement par lui, ainsi que l'a dit M. Desnoyers dans le discours qu'il prononça sur sa tombe, que l'école des grands maîtres du XVIIe siècle s'est perpétuée jusqu'à nous. Tel est à nos yeux, ajoutait-il, son principal titre de gloire.

Nous ne ferons pas ici l'énumération de ses nombreux ouvrages.

Si nous parlons d'abord de ses portraits, il nous suffira de citer celui de Voltaire, d'après Largillière; de Charles XII, de Stanislas, les deux portraits de Henri IV, d'après Porbus et Janet: ceux de Napoléon, d'après Prud'hon et Isabey, et surtout celui du comte d'Arondel, d'après Van-Dick, chef-d'œuvre de couleur et d'harmonie, qui seul suffirait pour immortaliser son nom.

Mais loin de s'adonner exclusivement aux portraits, dans lesquels il montrait tant de supériorité, il aborda des travaux de plus longue haleine et d'un style plus élevé. Au salon de 1806, il exposa l'estampe de *Saint Michel terrassant le démon*, et cette noble composition de Raphaël trouva dans le graveur français un interprète digne d'elle.

Peu de temps après, il entreprit une planche bien plus capitale et sur laquelle il passa de longues années. Le chef-d'œuvre du Dominiquin, et l'un des plus célèbres monuments de l'art, n'avait point encore reçu de la gravure la consécration qu'il méritait. M. Tardieu ne recula pas devant cette tâche difficile et la mena à bonne fin. Avant l'achèvement de son travail, le tableau nous fut enlevé pour retourner en Italie, mais de nombreux dessins de la main de M. Tardieu nous attestent avec quel soin il avait étudié les parties les plus importantes du tableau, tant qu'il put l'avoir sous les yeux; aussi la gravure nous initie pleinement à la sévère majesté qui règne dans cette magnifique peinture. L'admirable expression du saint, les détails anatomiques de ce corps décharné, les beaux anges qui planent sur lui, tout est rendu avec une religieuse exactitude et avec une simplicité de travail qui correspond parfaitement à celle du pinceau du maître.

Par une déplorable fatalité, le tirage souvent négligé de cette planche faillit en compromettre le succès, et M. Tardieu, scrupuleux observateur des engagements pris avec les souscripteurs, déchira plus de deux cents épreuves qui ne lui paraissaient pas complètement satisfaisantes. Sous une main plus soigneuse la planche reprit bientôt tout son éclat, et c'est dans les belles, mais rares épreuves, que l'on peut admirer toute l'habileté et la conscience de l'artiste. Nous disons *conscience*, parce que ceux qui, comme nous, ont connu M. Tardieu, savent avec quelle sévérité il se jugeait lui-même, et que de fois il effaça sans pitié des parties achevées pour tout autre, mais où il lui semblait qu'il n'avait pas mis la perfection dont il se sentait capable, détruisant ainsi en quelques minutes le travail de plusieurs mois. C'était le moyen de faire une belle œuvre, mais non pas une grande fortune.

L'un de ses derniers ouvrages, *Ruth* et *Booz* d'après le charmant tableau de M. Hersent, lui fournit l'occasion de montrer son talent sous une nouvelle face. Pur et grandiose devant l'ange de Raphaël, expressif et vigoureux devant le saint du Dominiquin ; ici son burin devient délicat et gracieux. Jamais les molles clartés de la lune sur les formes humaines, jamais les *ténèbres visibles* de la nuit n'ont été rendues avec cette vérité par la gravure, et c'est à plus de soixante-dix ans que M. Tardieu produisait cette délicieuse estampe.

Nous ne nous étendrons pas davantage sur les productions de cet éminent artiste, qui possédait, en outre, toutes les qualités requises dans un excellent professeur. M. Desnoyers, dans le discours auquel nous avons fait plusieurs emprunts, a rendu à sa mémoire un hommage qui honore également le maître et l'élève, devenu maître à son tour.

On conçoit qu'un homme d'un goût aussi pur et aussi sévère devait être difficile dans le choix des gravures qu'il voulait avoir journellement sous les yeux ; aussi, celles dont nous annonçons la vente se recommandent-elles plutôt encore par la beauté réelle des épreuves que par les *remarques* dont la présence avertit qu'il y a lieu à admirer ; nous en signalerons cependant quelques unes de ces dernières, telles que la Sainte-Famille, la Magdeleine, le Christ aux anges, par Edelinck ; le Pomponne, par Nanteuil ; le Bossuet, par Drevet ; et quelques autres morceaux par l'élite de nos graveurs français.

M. Tardieu laisse inédite, quoique terminée depuis plusieurs années, une planche d'après le tableau de Mᵐᵉ Hersent, représentant *le jeune Louis XIII se jetant dans les bras de Sully après l'assassinat de Henri IV*. Nous espérons qu'elle ne tardera pas à paraître.

Il eut plusieurs fois, dans le commencement de sa longue carrière, à souffrir des évènements politiques, bien qu'il fût le plus inoffensif des hommes. Dans les dernières années du règne de Louis XVI, il avait été chargé de graver le portrait de *Marie-Antoinette* d'après *Dumont*, et malgré les jours orageux de la révolution, il poursuivait courageusement son œuvre, quand un peintre célèbre, membre de la Convention, lui défendit de continuer cette planche (et l'on sait quel pouvait être à cette époque d'exaltation le prix de la résistance), en lui enjoignant, pour faire amende

honorable, de graver, à son choix, le portrait de Marat ou de Lepel-
letier de Saint-Fargeau. M. Tardieu ne pouvait refuser, mais il ne
pouvait non plus balancer, et il entreprit le portrait de ce dernier.
La chute de Robespierre l'empêcha de poursuivre cette gravure
déjà fort avancée. Les personnes qui ont vu la planche s'accordent à
dire qu'elle eût été une de ses plus belles productions. Il n'en existe
plus qu'un trait, devenu extrêmement précieux comme monument
historisque, et une épreuve d'essai fragmentée. Des scrupules fort
exagérés qu'on sut éveiller dans l'esprit de M. Tardieu le décidèrent
à détruire son cuivre avec un désintéressement dont il était fort en
droit de s'abstenir.

Nous avons encore à regretter qu'il n'ait pas terminé une planche
représentant *Charles Ier recevant les derniers adieux de sa famille*,
d'après Benazet. De semblables motifs politiques en furent la cause ;
il en fut de même pour le portrait de Barras qui ne put être mis
au jour à cause du renversement du directoire, mais qui du moins
a été achevé.

Ne devant ici considérer M. Tardieu que comme artiste, nous ne
parlerons pas de l'homme bon, modeste, toujours prêt à rendre
justice au talent de qui que ce fût, même en dehors de ses affections,
et d'une conscience inflexible dans les questions de concours d'où
peut dépendre l'avenir des jeunes gens ; aussi a-t-il joui constam-
ment de l'estime de ses rivaux, de la reconnaissance de ses élèves et
de l'amitié de ses confrères.

Il cessa de vivre le 3 août 1844 ; il était membre de l'Académie
des beaux-arts, où il avait succédé à son ami et condisciple Bervic,
associé aux académies de Milan et de Saint-Pétersbourg, et chevalier de l'ordre de la Légion-d'Honneur.

Les planches de saint Jérôme, de Ruth et Booz, et de la jeunesse
   de Louis XIII, restant dans la famille, il pourra en être traité
   de gré à gré.

TABLEAUX ET DESSINS.

BÉNAZET.

1 *Les adieux de Charles Ier à ses enfants, tableau capital de ce maître. M. Tardieu avait commencé une planche d'après ce tableau.

M. LE COMTE TURPIN DE CRISSÉ.

2 *Vue des environs de Naples au clair de lune.

M. HEIM.

3 *Esquisse d'une scène du massacre des innocents.

M. BLONDEL.

4 Une tête d'étude.

MOITTE, SCULPTEUR.

5 Le triomphe de Voltaire ; dessin lavé au bistre.

VALENTIN.

6 Entrevue de Louis XVI et de l'empereur Joseph II, dessin au crayon rouge.

MEYNIER.

7 Le philosophe Bias rachetant les esclaves, dessin à la sépia.

M. ABEL DE PUJOL.

8 Jules César allant au Capitole, où il fut assassiné ; dessin à l'encre de Chine.

J.-G. WILLE ET SON FILS.

9 Un paysage avec ruine, dessin lavé ; portrait de Mme Wille, dessin au crayon, par Wille fils.

10 Portrait de Mme Wille, dessin sur vélin, par son mari Jean-Georges Wille. Plusieurs autres petites études de figures, un paysage à l'aquarelle. Études de figures et scènes diverses, par Wille fils et A. de Saint-Aubin.

PRUD'HON.

11 Tête de Napoléon, dessin fait pour une gravure. Portrait d'Yvan et un autre personnage étranger.

12 Diverses études d'académie, contenues dans un portefeuille.

ESTAMPES.

ALJAMET.

13 Le massacre des Innocents, d'après Le Brun. Le baptême de Jésus-Christ, d'après le Poussin : 2 pièces.

AUDOUIN.

14 Portrait en pied de Louis XVIII, d'après Gros : épr. avant la lettre.

AUDRAN (Gérard).

15 *Entrée triomphante d'Alexandre dans Babylone, d'après Le Brun.

— *La peste d'Éaque, d'après Mignard.

— *Le Temps enlevant la Vérité, d'après le Poussin.

16 Le martyre de saint Laurent, d'après Le Sueur : ancienne épreuve.

17 Le martyre de sainte Agnès, d'après le Dominiquin. Le martyre de saint Étienne, d'après Le Brun. Plafond du Val-de-Grâce, d'après Mignard : 3 estampes, la dernière en six feuilles.

18 Le triomphe de Constantin, d'après Le Brun.

AUDRAN (Jean et Benoit).

19 *Les batailles d'Alexandre, d'après Le Brun : 6 estampes. Bataille et triomphe de Constantin : 2 pièces, par Tardieu.

BALECHOU (Jean-Joseph).

20 Portrait en pied d'Auguste III, roi de Pologne, d'après Rigaud.

BARTOLOZZI (François).

21 Clytie, d'après An. Carrache; la mort de Didon, d'après Cipriani; épr. avant la lettre. Divers sujets d'après le même et d'après le Guerchin. Deux lots.

M. BERTONNIER.

22 Sainte-Famille, d'après Raphaël; divers portraits d'hommes et femmes célèbres; *il est sauvé!* d'après Genod, et le tentateur, d'après le Titien, par Berseneff. Cet article sera divisé.

BERVIC (CHARLES-CLÉMENT).

23 * L'enlèvement de Déjanire, d'après le Guide, et l'éducation d'Achille, d'après Régnault : belles épreuves.

23 bis Portraits de Linnée, du comte de Vergenne et de Massalki, évêque de Wilna : trois pièces.

M. BLANCHARD.

24 La leçon de flûte, d'après Albrier; le serment des Horaces, d'après David; deux pièces. Epreuves avant la lettre, sur papier de Chine.

BLOEMAERT (CORNEILLE).

25 Sainte Marguerite, d'après An. Carrache. .

BLOT (MAURICE).

26 Marcus Sextus, d'après Guérin; épreuve avant la lettre.

— * Le jugement de Pâris, d'après Vander-Weff.

— Mars, Vénus et les Amours, d'après Poussin; épreuve avant la lettre, gravée pour le musée Robillard.

27 Les enfants de Louis XVI, d'après Mᵐᵉ Lebrun.

28 Jupiter et Io, Jupiter et Calisto, Madeleine, d'après Signani; Psyché et l'Amour, portraits d'An. Carrache, etc. : 4 pièces.

BOLSWERT (SCHELTE).

29 * Le Christ mort, sur les genoux de la Vierge, d'après Van-Dick. Titre : *vocate memara*; belle épreuve avec l'adresse de Martin Van-Eden.

30 La même estampe, deuxième épreuve, avec G. II., et Sainte-Famille, d'après Van-Dick.

M. BONVOISIN.

31 Portraits d'hommes et femmes célèbres; vignettes : 26 pièces in-8°.

M. CHATILLON.

32 Endymion, d'après Girodet; épreuve, lettre grise et sur papier de Chine.

CHEREAU.

33 La transfiguration, d'après Raphaël, et le portrait de Largillière : deux pièces.

COINY.

31 Adam et Ève, d'après Michel-Ange ; épreuve avant la lettre.
— La bataille de Marengo, d'après Langlois,

DAUDET.

35 Paysages avec figures et animaux, d'après Berghem, Van-der-Meulen, Vouvermans, Ruisdaël, etc ; 6 pièces : épreuves avant la lettre.

M. DESNOYERS.

36 La belle jardinière, d'après Raphaël : très belle et ancienne épreuve.

37 Bélisaire, d'après Gérard : très belle épreuve avant les points.

38 La Vierge aux poissons, d'après Raphaël : épreuve, lettre grise.

39 Sainte Catherine d'Alexandrie, d'après Raphaël : épreuve, lettre grise.

DREVET.

40 *La présentation au temple, d'après Boullongue.

41 *Portrait en pied de Bossuet, d'après Rigaud : épreuve avant les points.

42 *Samuel Bernard, d'après Rigaud : épreuve avant les mots *Conseiller-d'État*.

43 *Adrienne Lecouvreur, d'après Coypel.

44 La duchesse d'Orléans, de Cisternay du Fay, l'archevêque de de Rouen, grand et petit format pour le bréviaire de Rouen : 4 pièces d'après Rigaud.

45 Le comte de Toulouse, le duc d'Orléans, les cardinaux Henry et Dubois, Boileau et le marquis d'Herbault : 5 pièces, d'après Rigaud : belle épreuve.

M. DIEN.

46 Martyre de sainte Cécile, d'après Jules Romain : épreuve avant la lettre.

47 La bataille d'Austerlitz, d'après Gérard : épreuve avant la lettre.

M. HENRIQUEL DUPONT.

48 Gustave Vasa, d'après M. Hersent : épreuve avec le mot *Vasa* écrit avec un seul *V*. Elle est sur papier de Chine.

49 Lord Stafford, d'après M. Paul Delaroche : épreuve papier de Chine.

50 Christ consolateur, d'après M. Scheffer : épreuve avant toute lettre, papier de Chine.

51 Diverses vignettes et portraits gravés à l'eau-forte.

EDELINCK (GÉRARD).

52 La Magdeleine, d'après Le Brun : épreuve avant la lettre.

53 La Sainte-Famille, d'après Raphaël : très belle épreuve avant les armes.

54 Le Christ aux Anges, d'après Le Brun : très belle épreuve avant l'adresse de *Drevet.*

55 Saint Louis en prière, d'après Le Brun.

56 Philippe de Champagne, d'après ce maître : très belle épreuve.

57 Nathaniel Dilgérus : très belle épreuve.

58 Desjardins, d'après Rigaud : très belle épreuve avant l'adresse de *Drevet.*

59 Charles Lebrun, d'après Largillière : belle épreuve.

60 Saint Charles Boromée et saint Louis en prière.

61 Moïse, d'après Champagne.

62 Portraits de Mouton, Poisson en crispin, d'après Netscher, Perrault, Ch. Dozier, Frédéric Léonard, Rouillé, Israël Silvestre, Tallement, Parent, Parfait, Moreri, Daniel Huetius, André Hameau, Largillière, H. Rigaud, Savary, Ferdinand, Van-Dyck, Arnaud d'Andilly, Keller, Lemoyne, Fagon, Letellier, Saury, Louis XIV, Pierre II de Portugal, Gherardi, thèses de Louis XIV et de Colbert, etc. : vingt-sept portraits d'après Rigaud et autres peintres, anciennes épreuves. Cet article formera plusieurs lots.

M. ESTÈVE.

63 Moyse après avoir frappé le rocher, d'après Murillo : rare épreuve avant la lettre, les noms d'auteurs.

FLIPART.

64 La tempête, d'après J. Vernet ; chasse aux tigres, d'après Boucher : 2 pièces.

Et. FIQUET.

65 * Mᵐᵉ de Maintenon, De Lafontaine, Fénélon, Voltaire: 4 pièces; belles épreuves.

M. FORSTER.

66 Portrait d'Albert-Durer; d'après ce maître : épreuve avant la lettre, papier de Chine.

67 Le roi de Prusse, le roi de Bavière, Wellington : 3 pièces.

68 Céphale et l'Aurore, d'après Guérin; Endymion, d'après Girodet; épreuves avant la lettre, papier de Chine, et cinq camées pour l'iconographie; épreuves avant la lettre, papier de Chine.

M. GARNIER.

69 Portraits de Charles X et Alexandre 1ᵉʳ, d'après Gérard; deux pièces.

GOLTZIUS (HENRI).

70 Judith, Adam et Ève, Sainte-Famille, Christ au tombeau, les planettes, les saisons, etc. : 18 pièces.

71 * L'Amour désarmé, d'après le Corrège, et piège tendu à l'Innocence, par Pillement ; 2 pièces.

JARDINIER.

72 * Le silence d'après Greuse; le génie de la gloire, d'après An. Carrache; et l'enfant prodigue, d'après Teniers, par Le Bas : 3 pièces.

M. LANGLOIS.

73 Portraits et sujets divers gravés pour la galerie de Florence : 10 pièces.

LIGNON (FRÉDÉRIC).

74 Portrait de Mᵈᵉ Mars, d'après Gérard ; épreuve avant la lettre. Psyché, épreuve avant la lettre.

75 La Vierge au poisson, d'après Raphaël.

LONGHI (JOSEPH).

76 Sainte-Famille, d'après Raphaël.

77 La madone au lac, d'après Léonard de Vinci.

78 Trois portraits, Michel-Ange, Dandels, Bonaparte ; d'après Gros ; épreuve, lettre grise.

MARAIS.

79 * L'apothéose de Racine, d'après Prud'hon ; très rare épreuve avant la lettre.

13

80 Amphytrite, d'après Giordano; Psyché et l'Amour, Sainte-Famille, d'après le Corrège, etc.: 5 pièces.

MASSARD.

81 Homère, d'après Gérard; belle épreuve.

82 Mort d'Atala, d'après Girodet; épreuve avant toutes lettres, papier de Chine.

83 Hypocrate, d'après Girodet; avant la lettre, papier de Chine.

MASSAN.

84 La belle jardinière, d'après Raphaël; la mort d'Ananie, d'après N. Poussin; Antiope, Napoléon de Ségur, etc. : 4 pièces.

MELLAN (CLAUDE).

85 La Sainte-Face, Sainte-Famille, Enfant Jésus, Saint Ignace, Saint François, Saint Jean-Baptiste : la Religion, portraits de Gassendi et autres : 11 pièces.

MOREAU (LE JEUNE).

86 Le sacre de Louis XVI; vignettes, d'après Greuze, 3 pièces.

MORGHEN (RAPHAEL).

87 La transfiguration, d'après Raphaël; épreuve d'eau-forte de la planche commencée par R. Morghen et terminée par son frère Antoine.

88 * Epreuve terminée par Antoine Morghen; elle est avant la lettre, sur papier de Chine.

89 * Le prix de Diane, d'après le Dominiquin.

90 Portrait de Raphaël, d'après ce maître.

91 Le repos en Egypte et les quatre temps de la vie humaine : 2 pièces.

92 * Madone, d'après le Carrache; Saint-Joseph et Jésus, d'après Albertoli : 2 pièces.

MOREL.

93 Les Horaces, d'après David; épreuve, lettre grise.

94 Le jugement de Salomon, d'après N. Poussin; épreuve avant la lettre, papier de Chine.

95 Bélisaire, d'après David; la leçon d'humanité, d'après Drolling : 2 pièces.

MULLER (M. HENRI).

96 Psyché enlevée par les Amours, d'après Prud'hon ; Diane et Endymion, d'après Langlois : 2 pièces, épreuve avant la lettre, et le petit St-Jean, d'après Luini.

MULLER (JEAN-GOTHARD).

97 Portrait de J.-G. Wille, d'après Greuze ; épreuve avant la lettre.

NANTEUIL.

98 Pompone de Bellièvre, d'après Le Brun ; très rare épreuve du 1er état avant le crochet (n° 37 du ive vol. du Peintre-Graveur français, par M. Robert Dumesnil*).

99 Jean Loret, poète français ; très belle épreuve avant la virgule (150).

100 Hardouin de Perefixe de Beaumont, Anne d'Autriche, Louis Hesselin, Barberin, N. Fouquet, Louise, reine de Pologne, Lamoignon, Chapelain, Christine de Suède, duc de Mantoue, etc.: 12 pièces, 3 lots.

OUTKIN.

101 Portrait en pied de Catherine II, et celui de Laighton : deux pièces.

M. PAUQUET PÈRE ET FILS.

102 Le Tasse et Eléonore, le Tasse et sa sœur, d'après Ducis ; épreuves avant la lettre : 3 pièces.

103 Soixante eaux-fortes, de diverses estampes, par M. Pauquet père.

PESNE.

104 Le testament d'Eudamidas, d'après N. Poussin.

PONTIUS.

105 *Le Christ mort, sur les genoux de la Vierge, d'après Rubens ; portrait de Pontius, d'après Van-Dick.

M. POTRELLE.

106 Psyché et l'Amour, d'après David, épreuve avant la lettre ; portraits de David, de Bartholini, d'après M. Ingres, etc.: 4 pièces.

(*) Six vol., le 7e sous presse ; Paris, chez Defer.

PYE (John).

107 Huit paysages, d'après Claude Lorrain et autres maîtres; épr. avant la lettre; papier de Chine.

RICHOMME.

108 * La Galatée, d'après Raphaël, ancienne épreuve.

109 Les cinq saints, d'après Raphaël; épreuve avant la lettre.

110 * Le silence, d'après An. Carrache; épreuve avant la lettre.

111 Portrait de Marc-Antoine, d'après Raphaël, par M. Lesnier.

ROSASPINA.

112 Le Christ mort, sur les genoux de la Vierge, d'après le Corrège; épreuve avant la lettre.

113 La danse des Amours, d'après l'Albane; épreuve avant la lettre.

ROULLET.

114 Le Christ mort, sur les genoux de la Vierge, d'après An. Carrache; portrait de Beringhen, et une Sainte-Famille, d'après Van-der-Werff, par Rousseau : 3 pièces.

M. LEROUX.

115 Sainte Thérèse, d'après Gérard; épreuve, lettre grise.

116 Jupiter et Léda, d'après Léonard de Vinci; épreuve avant la lettre, papier de Chine.

117 Sujets, d'après Ducis, et bas-reliefs à la mémoire du général Foy.

SAENREDAM (Jean).

118 Les quatre saisons, d'après Goltzius; portraits, d'après Sadeler, etc. : 7 pièces.

SAINT-AUBIN (Augustin de).

119 Portraits de Lekain, de Necker; suite de personnages célèbres pour les œuvres de Voltaire; les médailles spentriennes; diverses vignettes, eaux-fortes et finies, etc.; environ 120 pièces qui formeront plusieurs lots.

SIMON (Pierre).

120 Portrait de Louis XIV, d'après Lebrun; portrait de Pesne, par Schmidt de Berlin : 2 pièces.

STRANGE (Robert).

121 La Vierge et saint Jérôme, d'après le Corrège.

122 Charles Ier, d'après Van-Dyck; le marché, d'après Wouvermans.

SUIDEROEFF.

123 Plusieurs beaux portraits de ministres et savants hollandais.

TARDIEU (Jacques).

124 Marie de Pologne, reine de France; N.-H. Tardieu, de Gondini, etc., 4 pièces.

M. TARDIEU (Pierre-Alexandre).

125 *Son œuvre en 80 pièces réunies en un volume in-folio, savoir :*

Sujets.

18 estampes pour les voyages de Néarque et celui de Vancouver ; Psyché abandonnée, d'après Gérard ; Judith et Holoferne, d'après Alloni ; Saint-Michel, d'après Raphaël, pièce pour le musée Robillard ; la communion de Saint-Jérôme, d'après le Dominiquin ; Ruth et Booz d'après M. Hersent ; Marie de Médicis et Louis XIII enfants, d'après Mme Hersent: cette planche n'a pas été publiée ; un brevet de marine.

Portraits.

Henri IV enfant, d'après Janet ; Henri IV, d'après Porbus ; le comte d'Arondel, d'après Van-Dyck ; Catherine, reine de Suède, d'après S. Bourdon : ces quatre portraits gravés pour la galerie du Palais-Royal ; Napoléon en costume du sacre, d'après Isabey ; cinq autres, d'après Muncret, etc.; Washington ; ceux de Henri IV, Voltaire et Montesquieu ; la reine de Prusse, d'après Mme Lebrun ; Barras, d'après Hilaire ; le maréchal Ney, d'après Gérard ; Marie-Antoinette, d'après Dumont ; Alexandre Ier, empereur de Russie.

126 Quelques épreuves doubles des morceaux ci-dessus désignés seront vendus sous ce numéro.

127 La mort de Pelletier de Saint-Fargeau, épreuve unique d'une planche commencée par M. Tardieu, d'après un dessin de

David : les évènements politiques ont été la cause de la destruction de cette planche dont il n'a été tiré qu'un trait et une
épreuve, et de cette épreuve on a déchiré le haut où était représentée l'épée de Damoclès et ces mots: *je vote la mort du tyran*.

TOSCHI.

128 L'entrée d'Henri IV dans Paris, d'après Gérard.

VANSCHUPPEN.

129 Le grand Dauphin, de la Reynie, Mezetin, Jouvenet, etc. :
6 pièces.

VISSCHER (Corneille).

130 'Gellius de Bouma avec l'année 1656; de Coppenol ; Vondel.
3 pièces, deux lots.

VORSTERMAN (Lucas).

131 'Le Christ mort, sur les genoux de la Vierge, d'après Van-Dyck;
belle épreuve avant l'adresse de *Bon-Enfant*.

VIVARÈS (François).

132 L'enlèvement d'Europe; le Colysée et divers paysages, d'après
Claude le Lorrain et autres.

WILLE (Jean-George).

133 'Portrait du comte de Saint-Florentin ; épreuve avec les maillets blancs et avant le mot ministre.

134 'L'observateur distrait, d'après Mieris; la mort de Cléopâtre,
d'après Netscher; la petite écolière, d'après Schenau ; divers
portraits: 6 pièces, deux lots.

ESTAMPES DIVERSES.

135 Divers cahiers; paysages de Gessner; fleurs de Baptiste; cahiers
d'anatomie de Bouchardon ; vues pittoresques en Savoie, par
Ballard, etc. Cet article sera divisé.

136 Paysages ; études de petites figures, gravées par Callot; Chedel
les Perelles, et autres : 65 pièces.

137 Études d'animaux, 48 pièces gravées à l'eau-forte, par et d'après N. Berghem, Paul Potter et autres.

138 Diverses têtes d'expressions, d'après Raphaël, N. Poussin, etc.: 15 pièces.

139 Collection de figures académiques pour les grands prix de gravures : 20 pièces.

140 Un grand nombre de vignettes pour des ouvrages anciens et modernes, par les meilleurs graveurs, seront vendues sous ce numéro.

141 Diverses pièces de la galerie du Palais-Royal, de la galerie de Florence, et autres recueils, seront vendus sous ce numéro.

—

RECUEILS D'ESTAMPES,

OUVRAGES A FIGURES.

142 Les Loges de Raphaël, par Chaperon, un vol. in-folio, demi-rel.

143 Entrée de Sigismond à Mantoue, d'après la frise de Jules Romain, au palais du T., à Mantoue : 25 pièces, par Antoinette Stella.

144 *Pinacoteca di Bologna*, par Rosaspina; Bologne 1830, un vol. in-folio, demi-rel., de 72 planches, texte italien et français.

145 Les expressions et passions de l'âme et les proportions du corps humain, d'après Le Brun, par Audran.

146 Suite de paysages composés et gravés à l'eau-forte, par J.-G. Wille : 40 pièces.

147 Constitution française de 1791; 13 estampes, par Helman : un vol. in-f°.

148 Iconographie des membres de l'Institut, par M. Boilly fils : un vol. in-4°, demi-rel.

149 Album de Redouté, in-f° cart., 24 pl. coloriées.

150 Recueil de peintures antiques, par M. Desnoyers : un vol. in-f°, demi-rel.: 35 pièces.

151 Les ruines de Pœstum (1769) : un vol. in-f° cart., 18 pl.

152 Galerie des grands prix d'architecture, par Vaudoyer et Détournelle. Paris 1818 : 2 vol. in-f°, demi-rel., de 120 planches chaque.

153 Recueil d'architecture nouvelle, par Détournelle : 78 planches in-f°.

Nouveau Vignole au trait, par Détournelle : un vol. in-4°.

154 L'architecture de Vignole : un vol. in-4°.

155 Vues pittoresques d'Italie, gravées à l'eau-forte, par Bourgeois : 78 pl., un vol. in-f°. Vues d'Italie : 18 pl. à l'eau-forte, in-f°, par Dunouy. Vues de Rome : 19 pl. in-f°.

156 Voyage pittoresque de la Grèce, par Choiséuil-Gouffier. Paris, 1776, le 1er et une partie du 2e vol. in-f°.

157 Voyage à Surinam et dans l'intérieur de la Guiane : 50 planch. Voyage de Vancouver autour du monde : 3 vol. in-4°.

158 L'art de bâtir, par Rondelet : in-4°.

159 Théâtre de Marcellus à Rome ; projet du Palais-de-Justice de Lyon ; description de l'arc de triomphe de l'Étoile, par Laffitte, etc.

160 Portrait des rois de France, par de Larmessin : un vol. in-4°, 65 pièces.

161 Lithographies : scènes diverses, costumes, caricatures, grimaces, etc., par MM. Boilly père et fils : 184 pièces.

Costumes italiens, par M. Boilly fils : in-4°, 48 pl. coloriées.

162 Atlas in-4° et divers plans et cartes géographiques, par les frères Tardieu.

163 Divers outils de graveur, pointes, burins, brunissoirs, ébarboirs, étau, compas, pinces, marteau, règles en cuivre et parallèles en ébène, etc., plusieurs cuivres vieux et neufs.

164 Divers modèles : têtes, pieds et mains en plâtre.

165 Chevalets et porte-originaux, deux rouleaux en fer blanc, grands cartons et plusieurs portefeuilles de divers formats.

166 Une meule et son auge garnie de plomb.

167 Deux loupes chromatiques de Lerebours.

168 Deux médailles en bronze.

169 Sous ce numéro, tous les articles omis.

BIBLIOTHÈQUE.

Histoire, Sciences et Arts, Belles-Lettres, etc.

170 Léonard de Vinci. Traité de la peinture, trad. par Gault de Saint-Germain, 1820, in-8°, fig., br.

171 Taillasson. Observations sur quelques grands peintres, 1807, in-8°, bal.

172 Quatremère de Quincy. Histoire de la vie et des ouvrages de Raphaël; 2ᵉ édit. 1833, gr. in-8°, br.

173 — — Canova et ses ouvrages, 1834, gr. in-8°, br.

174 — — Recueil de notices historiques lues à l'Académie des beaux-arts, 1817 : 2 vol. in-8° br.

175 Collection des lettres de Nicolas Poussin, 1834, in-8° br.

176 Jubé et Servan. Histoire des Gaulois et des Français en Italie : 1807, 7 vol. in-8°, *pap. vélin* br.

177 Dictionnaire de l'Académie française, 6ᵉ édit. 1835. 2 vol. in-4°, demi-rel.

178 Homère. Trad. par Bithaudé, 1822, 4 vol. in-8° v.

179 Lafontaine. Les amours de Psyché et de Cupidon. *Didot* 1797, in-4°, *pap. vélin*, fig. de Gérard, rel.

180 Fénélon. Les Aventures de Télémaque, 1810 : 2 vol. in-4°, fig. de Monnet, gr. par Tillard, rel.

181 Montagne. Essais, *Lefèvre* 1818 : 5 vol. in-8°, br.

182 Montesquieu. OEuvres, 1796, 5 vol. in-8° v.

183 Voltaire. OEuvres complètes; *Délerville*, 1818, 41 vol. in-8° r.

184 Vertot. OEuvres complètes, 1795 : 5 vol. in-8°, *pap. vélin*, br.

185 Volney. OEuvres complètes, 1821 : 8 vol. in-8°, fig.; br.

186 Dumont-d'Urville. Voyage pittoresque autour du monde, 1834 : 2 vol. gr. in-f°, fig., cart.

187 Eyries. Voyage pittoresque en Asie et en Afrique, 1839, gr. in-8°, fig., cart.

188 D'Orbigny. Voyage pittoresque dans les deux Amériques. 1836, gr. in-8°, fig., cart.

189 Mémoires de l'Institut, in-4°, cart., savoir :

190 Académie des sciences, tomes 5 à 15.

191 — des savants étrangers, tomes 2 à 8.

192 — des inscriptions et belles-lettres, tomes 5 à 12.

193 — des sciences morales et politiques, tomes 1 et 2.

194 — des savants étrangers, tom. 1.

195 Académie-Française. Recueil de discours, 1830-1839, 1 vol.

196 Notices et extraits des manuscrits de la bibliothèque du Roi, tomes 11 et 13 in-4°.

197 Environ 600 volumes, ouvrages de littérature et d'histoire qui seront vendus par lots.